Émile DURKHEIM

Le divorce par consentement mutuel

© 2024, Émile Durkheim (domainepublic)
Édition : BoD · Books on Demand, 31 avenue Saint-Rémy, 57600 Forbach, bod@bod.fr
Impression : Libri Plureos GmbH, Friedensallee 273, 22763 Hamburg (Allemagne)
ISBN : 978-2-3225-5144-6
Dépôt légal : Janvier 2025

Table des matières

« Le divorce par consentement mutuel »

Émile Durkheim

Des hommes de lettres ont mis à la mode la question du divorce par consentement mutuel. Les hommes de loi et les hommes d'État ont suivi et le mouvement s'est propagé avec une rapidité peu commune. Sans hésiter, il opinion, qui, la veille, ne se préoccupait pas beaucoup du problème, paraît prête à se prononcer pour la solution la plus hardie et la plus révolutionnaire, comme si elle était évidente par elle-même. En essayant de résister à un entraînement aussi général, on s'expose donc à passer pour un esprit rétrograde. Pourtant, dans la mesure où l'on peut se connaître soi-même, je ne me sens pas l'âme réactionnaire. Il n'est pas d'institution, même parmi celles qui passent pour les plus sacrées, que je considère comme placée au-dessus de la controverse ; et j'estime que, tout comme la nature physique, le monde moral est librement ouvert a la dispute des hommes. Notre conception de la patrie, notre conception de la famille sont destinées à évoluer et évoluent déjà sous nos yeux. Ce n'est pourtant pas une raison pour céder à toutes les velléités de changement qui peuvent se produire au jour le jour. Or, malgré l'espèce d'unanimité avec laquelle a été accueillie l'idée de MM. Paul et Victor Margueritte (tout au moins en dehors des milieux proprement catholiques) malgré l'autorité des défenseurs qu'elle a rencontrés, tant au Parlement que dans les tribunaux, la réforme qu'ils préconisent me cause une inquiétude dont je demande à dire les raisons.

Je ne me propose pas, d'ailleurs, de traiter ici le problème dans toute son étendue, je voudrais seulement en montrer un aspect, qui paraît avoir été assez généralement méconnu. C'est surtout dans l'intérêt des parents - et un peu aussi, dit-on, dans l'intérêt des enfants - qu'on réclame pour les époux le droit de se séparer, quand leur union leur est devenue intolérable ; on veut, avant tout, les libérer d'une chaîne qui les rive l'un à l'autre pour leur commun malheur, et mettre un terme à leurs souffrances. Mais il y a un autre point de vue sous lequel la question doit être examinée : il y a l'intérêt de l'institution matrimoniale elle-même, que le régime du divorce ne peut manquer d'affecter. Certes, rien n'est plus loin de notre pensée que de mettre en cause le principe du divorce. Que, dans de certaines conditions, il faille permettre aux époux de s'évader du mariage, c'est ce qui ne paraît pas pouvoir être contesté. Mais encore faut-il que le divorce ne soit pas entendu de telle sorte qu'il contredise et ruine le principe sur lequel repose l'état de mariage ; car alors, sous prétexte de remédier à des maux individuels, il constituerait, par lui-même, une grave maladie sociale et dont l'individu, d'ailleurs, subirait les contre-coups.

Or, il y a précisément des raisons de craindre que le divorce par consentement mutuel n'ait sur le mariage et son fonctionnement normal une très dangereuse influence.

I

S'il est une loi statistique bien établie, c'est celle que Bertillon a énoncée, dès 1882 [1], dans les termes suivants : dans toute l'Europe le nombre des suicides varie comme celui des divorces.

---

[1] *Annales de démographie internationale*, sept. 1882.

Cette loi se vérifie quand on compare soit les différents pays d'Europe, les uns avec les autres, soit les différentes provinces d'un même pays. La Suisse est, sur ce point, particulièrement instructive. Il s'y trouve des cantons de toute religion et de toute nationalité, et l'on sait que la tendance au suicide varie suivant les confessions religieuses et suivant les peuples. Or, en Suisse, il y a une influence qui domine les influences confessionnelles aussi bien que nationales ; c'est celle du divorce. Qu'il s'agisse de cantons protestants, de cantons catholiques ou de cantons mixtes, que la population soit française ou allemande ou italienne, partout où l'on divorce beaucoup on se tue beaucoup, partout où l'on divorce peu, on se tue peu, et le même parallélisme se retrouve dans toute l'étendue de la gamme intermédiaire.

Bien entendu, ce ne sont pas les suicides de divorcés qui viennent ainsi grossir le nombre des morts volontaires. Sans doute, les divorcés se tuent plus que les gens mariés, environ trois ou quatre fois plus ; mais leur nombre est beaucoup trop faible pour que leur contribution à la mortalité-suicide soit très importante. En mettant les choses au pire, il peut y avoir par an, en France, de *50* à 100 suicides de divorcés. Qu'est-ce que ce chiffre comparé aux 8 ou 9 000 suicides qu'enregistre annuellement notre statistique ? Une goutte d'eau dans un fleuve ; et ce ne sont pas les variations insignifiantes de cette goutte minuscule qui peuvent faire varier le niveau du fleuve.

Bertillon, quand il découvrit et formula sa loi, avait cru pouvoir en donner une très simple explication. Suivant lui, il y a d'autant plus de divorces dans un pays qu'il s'y trouve plus d'irréguliers, plus de déséquilibrés, plus d'individus au caractère mal fait et mal pondéré ; car les irréguliers et les instables font les mauvais époux. Or ce même tempérament prédispose aussi au suicide ; et ainsi s'expliquerait tout naturellement la concordance de ces deux phénomènes. Mais, outre qu'il est tout à fait arbitraire de prêter à la Suisse, par exemple, *15* fois plus de déséquilibrés qu'à l'Italie, et 6 fois plus qu'à la France, parce que les divorces y sont *15* fois plus fréquents que dans le premier de ces deux pays et 6 fois plus que dans le second [2], cette théorie très simpliste de Bertillon paraît tout à fait insoutenable après les constatations nouvelles que j'ai publiées dans mon livre sur *Le suicide.*

---

[2] Pour être exact, il faut ajouter que Bertillon invoque aussi la plus grande aptitude à la résignation que le catholicisme développerait chez ses fidèles, surtout chez les femmes ; ce qui les déterminerait à prendre leur mal en patience. Mais la loi s'applique également aux pays protestants.

Au lieu de comparer les chiffres globaux des suicides dans les pays où l'on divorce beaucoup avec les chiffres globaux correspondants des pays où le divorce est moins pratiqué, j'ai dissocié la part spéciale qui revient, dans l'ensemble des morts volontaires, à chaque catégorie d'état civil : célibataires, gens mariés, veufs. Or il se trouve que l'accroissement des suicides que l'on observe là ou le divorce est fréquent *est dû principalement aux gens mariés*. Ainsi, en France, on divorce et on se tue beaucoup plus a Paris qu'en province. Mais cette aggravation des suicides est presque nulle chez les célibataires ; elle est presque exclusivement le fait des époux, et cela à chaque âge comme le démontrent les chiffres suivants :

Nombre de suicides pour un million de CÉLIBATAIRES *de chaque âge (1889-1891).*

	En province	A Paris	Combien de fois plus à Paris
De 20-30 ans	579	986	1,5
De 30-40 ans	590	869	1,4
De 40-50 ans	976	985	1,08
De 50-60 ans	1 445	1 367	0,9
De 60-70 ans	1 790	1 500	0,8
De 70-80 ans	2 000	1 783	0,8

Nombre des suicides pour un million d'Époux de chaque âge.

	En province	A Paris	Combien de fois plus à Paris
De 20-30 ans [3]	103	298	2,9
De 30-40 ans	202	436	2,1
De 40-50 ans	295	808	2,9
De 50-60 ans	470	1 152	2,4
De 60-70 ans	582	1559	2,6
De 70-80 ans	664	1 741	2,6

Sauf pendant les années de grande lutte, c'est-à-dire entre vingt et quarante ans, les célibataires ne se tuent pas plus ou se tuent moins à Paris qu'en province ; et encore, même quand la tendance au suicide du célibataire parisien est le plus aggravée par rapport à celle du célibataire provincial, elle l'est bien faiblement (1,5). Au contraire, à chaque âge, les maris parisiens se tuent de deux fois et demie jusqu'à près de trois fois plus que les maris de province.

---

[3] Nous ne parlons pas des suicides d'époux avant vingt-cinq ans parce que les chiffres sont trop minimes (un par an pour un million) ; on n'en peut donc rien conclure de bien sûr.

Les veufs, il est vrai, contribuent également à cette majoration : leur tendance au suicide est environ 2,5 fois plus forte à Paris qu'en province. L'aggravation est donc également beaucoup plus forte que pour les célibataires. Mais ce fait n'est qu'un cas particulier d'une loi plus générale, que j'ai établie dans le même ouvrage et qui peut s'énoncer ainsi : la *tendance au suicide des veufs varie comme celle des époux* [4]. Quand les gens mariés se tuent peu, les veufs se tuent peu ; quand l'inverse a lieu d'un côté, il se produit également de l'autre. Et en effet, on conçoit aisément que le mariage détermine chez les époux une certaine constitution morale, qui affecte d'une manière déterminée leur tendance au suicide, et qui, tout en étant un peu affaiblie par la crise du veuvage, ne laisse pas de survivre à la dissolution du mariage. Il y a tout un ensemble d'idées, d'habitudes, de dispositions, en un mot, qui continuent à produire leur effet alors même que la cause qui leur a donné naissance a cessé d'exister.

Si donc le chiffre élevé des suicides dans les pays où l'on divorce beaucoup vient presque exclusivement de ce que les gens mariés s'y tuent plus qu'ailleurs, l'hypothèse de Bertillon devient inadmissible ; car il est impossible de

____

[4]   Voir les faits qui démontrent cette loi dans *Le Suicide*, p. 202 et suiv.

supposer qu'il y ait plus d'instables et de déséquilibrés parmi les gens mariés que parmi les célibataires. Mais puisque l'aggravation constatée est le fait spécial des époux, c'est sans doute que la pratique du divorce affecte fortement la constitution morale que détermine l'état de mariage. Car il n'est pas douteux que le mariage crée chez les époux une constitution morale *sui generis,* qui survit chez le veuf à la dissolution du lien conjugal, et qui est certainement en rapport avec la tendance au suicide.

Et en effet, on sait que le mariage à lui seul, et sans même que son action soit renforcée par la présence d'enfants, confère à l'époux une immunité relative contre le suicide ; l'homme marié, même si le mariage est stérile, se tue une fois et demie moins que le célibataire ; ou, pour parler une langue abrégée, il a, par rapport à ce dernier, un coefficient de préservation de 1,5. Quand il y a des enfants, ce coefficient s'élève jusqu'à 3 et au-delà. Or, dans l'ouvrage déjà cité, j'ai réuni un certain nombre de faits qui démontrent que *le coefficient de préservation des époux varie en raison inverse du nombre des divorces : il* s'élève quand les divorces sont rares ; il baisse dans Io cas contraire. Pendant les années 1889-1891, en province, où l'on divorce moins, le coefficient de préservation des hommes mariés de 25 à 80 ans oscillait entre 3,54 et 3,01 ; à Paris, pendant la même période, il ne dépassait à aucun âge 2,01 ; il n'atteignait même ce chiffre qu'une seule fois pour les hommes de 25-30 ans) et de 40 à 80 ans, il était à peine supérieur à l'unité (1,21 était le maximum). Il descendait même au-dessous entre 60 et 70 ans ; c'est-à-dire qu'à cet âge les hommes mariés se tuaient plus que les célibataires. Enfin, le coefficient moyen de préservation pour les hommes de 25 à 80 ans, était en province de 3,15, à Paris de 1,49, soit deux fois et demie plus faible.

On commence à entrevoir qu'une large pratique du divorce ne va pas sans de graves inconvénients moraux, de nature à faire réfléchir ceux qui réclament une réforme dont l'effet inévitable serait de le faciliter encore et de le faire entrer davantage dans les mœurs.

II

Il est vrai que les faits qui précèdent se rapportent seulement aux hommes. Le divorce ne paraît pas défavorable aux femmes mariées. Sans doute, elles se tuent plus à Paris qu'en province ; mais les filles, elles aussi, se tuent davantage et l'aggravation est sensiblement la même dans les deux catégories d'état civil, comme le prouve le tableau suivant :

Nombre de suicides pour un million de filles de chaque âge (1889-1891)

	En province	A Paris	Combien de fois plus à Paris
De 20-30 ans	524	217	2,4
De 30-40 ans	281	101	2,7
De 40-50 ans	357	147	2,4
De 50-60 ans	456	178	2,5
De 60-70 ans	515	163	3,1
De 70-80 ans	326	200	1,6

Nombre de suicides pour un million d'épouses de chaque âge.

	En province	A Paris	Combien de fois plus à Paris
De 20-30 ans	167	116	1,4
De 30-40 ans	156	74	2
De 40-50 ans	217	95	2,2
De 50-60 ans	353	136	2,6
De 60-70 ans	471	142	3,3
De 70-80 ans	677	191	3,5

L'aggravation est un peu plus. forte - de bien peu d'ailleurs - pour les filles que pour les femmes mariées jusque 50 ans, mais c'est l'inverse qui se produit au-delà de cet âge ; ces deux écarts contraires se compensent et l'aggravation moyenne est de 2,4 pour les filles et de 2,5 pour les femmes mariées.

Dans mon livre sur *Le Suicide,* j'avais même été jusqu'à dire (p. 298 et suiv.) que l'effet du divorce était d'accroître un peu l'immunité des épouses. Et en effet, le coefficient de préservation des femmes mariées par rapport aux célibataires du même sexe était, en moyenne, pendant les années 1889-1891, un peu plus élevé à Paris qu'en province ; il était de 1,79 au lieu de 1,49. Mais, en reprenant la question à propos du présent travail, je me suis aperçu que cet avantage des Parisiennes mariées est purement apparent et vient non de ce que la femme mariée est dans de meilleures conditions morales à Paris qu'en province et, par suite, s'y tue moins, mais de ce que les filles de 20 à 35 ans environ, y sont dans des conditions morales plus défavorables et s'y tuent davantage. En effet, tandis que les célibataires du sexe masculin ne se suicident pas beaucoup plus dans la capitale que dans les départements, au contraire, comme on vient de le voir, il y a, pour les célibataires du sexe féminin, une aggravation dont le taux, sauf à une unique période où il descend à 1,6, oscille entre 2,4 et 3,1 ; et l'on s'explique sans peine quels sont ces dangers spéciaux auxquels est exposée la fille, encore jeune, à Paris, et qui l'inclinent plus fortement au suicide.

Il en résulte que les épouses *paraissent plus* protégées qu'en province par rapport aux filles ; mais ce n'est pas que la constitution morale de la femme mariée y soit plus résistante, c'est tout simplement qu'à Paris un plus grand nombre de filles (par suite des conditions dans lesquelles elles vivent ou de la faiblesse native de leur tempérament moral, ou pour l'une et l'autre cause à la fois), sont fortement exposées au suicide. Par conséquent, tout ce qu'on est fondé à dire de l'influence préservatrice que l'état de mariage exerce directement sur le suicide, c'est qu'elle ne doit pas être sensiblement différente à Paris et en province [5]. Il ne semble donc pas que la pratique du divorce affecte, d'une manière bien appréciable, le suicide féminin.

---

[5] Il ressort même des chiffres qui précèdent que la femme mariée se tue plus à Paris qu'en province. Mais rien ne nous autorise à penser que cette aggravation soit imputable à l'état de la société conjugale à Paris ; car il y a bien d'autres causes, dans le milieu parisien, qui peuvent l'expliquer.

Le fait n'a, d'ailleurs, rien qui doive surprendre ; c'est un cas particulier d'une loi plus générale que l'on peut formuler ainsi : l'état de mariage n'affecte que faiblement la constitution morale de la femme. Cette inefficacité de la société conjugale est particulièrement évidente en ce qui concerne le suicide. Quand il n'y a pas d'enfants, les femmes mariées semblent se tuer plutôt un peu plus que les filles du même âge.

Quand la femme est, en même temps, mère, elle est mieux préservée, mais beaucoup plus faiblement que le mari [6]. Puisque donc le mariage, d'une manière générale, n'a sur elle que peu d'action bienfaisante, il est tout naturel que le divorce n'ait pas davantage sur elle d'action malfaisante bien prononcée : elle est un peu en dehors des effets moraux du mariage. De même qu'elle n'en profite que peu, elle n'en pâtit pas beaucoup. Mais aussi de ce que le divorce n'accroît pas sa tendance au suicide, il faut se garder de conclure qu'il est inoffensif ; il n'est inoffensif que dans la mesure où le mariage est inopérant.

____

[6]   *V. Le suicide, p. 196* et l'explication du fait, p. 231.

III

Il reste donc acquis que le mariage est susceptible d'exercer, surtout sur le sexe masculin, une influence morale, qui profite aux individus eux-mêmes ; car elles les attache davantage à la vie, tandis que, contrairement à tout ce qu'on pouvait prévoir *a priori, ils* s'en déprennent davantage quand il leur est plus facile de rompre les liens conjugaux. Or, cette heureuse influence se fait d'autant moins sentir que le divorce est plus largement pratiqué. C'est qu'en effet le mariage, par la règle à laquelle il soumet les passions, donne à l'homme une assiette morale qui accroît sa force de résistance. En assignant aux désirs un objet certain, défini, et, en principe, invariable, il les empêche de s'exaspérer à la poursuite de fins toujours nouvelles, toujours changeantes, qui lassent aussitôt atteintes, ne laissant derrière elles que fatigue et désenchantement. Il empêche le cœur de s'agiter et de se tourmenter vainement à la recherche des bonheurs, impossibles ou décevants ; il rend plus facile cette paix du cœur, cet équilibre intérieur qui sont les conditions essentielles de la santé morale et du bonheur. Mais il ne produit ces effets que parce qu'il implique une réglementation respectée, qui lie solidement les hommes.

Dans la mesure, au contraire, où ces liens sont fragiles, où ils peuvent être rompus à volonté, il cesse d'être lui-même, et, par conséquent, il ne peut plus avoir la même vertu. Une réglementation à laquelle on peut se soustraire dès qu'on en a la fantaisie n'est plus une réglementation. Un frein dont on peut se libérer avec cette facilité n'est plus un frein qui puisse modérer les désirs, et, en les modérant, les apaiser.

Il n'est pas besoin de démontrer qu'en instituant le divorce par consentement mutuel, on ajouterait une facilité nouvelle à celles dont les époux disposent déjà pour sortir dé l'état conjugal. Et quelle facilité, puisque le rôle du juge se réduirait à s'assurer que la volonté des parties est bien réelle et puissante ! Sous ce rapport, le divorce par consentement mutuel constitue un type de divorce *sui generis* et qui est séparé des autres par un abîme : quand le divorce a lieu pour causes déterminées, il appartient au magistrat d'examiner si les époux sont fondés à le vouloir *en droit;* si le consentement mutuel suffit, le fait vaut le droit et la rupture du lien conjugal a lieu *ipso facto,* par cela seul que les intéressés la veulent. Dans un cas, le divorce n'est accordé que s'il est juste ; dans l'autre, il est accordé obligatoirement par cela seul qu'il est demandé. Dans la mesure donc où l'on est fondé à Prévoir l'avenir d'après le passé - et l'on a vu que la relation qui unit le taux des divorces aux taux des suicides est sans exception connue - ce nouvel élargissement du divorce doit certainement avoir pour effet d'accroître la mortalité-suicide. Le mariage sera, plus encore qu'aujourd'hui, empêché de jouer son rôle de frein, d'exercer l'action modératrice et salutaire qui est sa principale raison d'être, et ainsi une mesure, dont le but est d'alléger les misères morales des époux, aura pour résultat de les démoraliser et de les détacher davantage de la vie.

Tel est le passif éventuel de la réforme qui est en train de séduire l'opinion : il est difficile d'en méconnaître l'importance.

Pour passer outre à des risques aussi considérables, il faudrait tout au moins, qu'on pût invoquer, pour la justifier, des raisons singulièrement graves. Voyons rapidement quelles sont celles que l'on allègue.

On a dit que le mariage, étant un contrat, doit pouvoir se résilier par le simple accord des parties. C'est oublier que tout contrat est susceptible d'affecter des tiers ; dans ce cas, les contractants se trouvent, à un moment donné, engagés dans des liens qui ne dépendent plus de leur volonté, mais des tiers intéressés. C'est ce qui arrive dans le mariage. Déjà, par lui-même, le mariage modifie l'économie matérielle et morale de deux familles : les relations des personnes entre elles et les relations des choses aux personnes ne sont plus après ce qu'elles étaient avant. Et ainsi, même quand il n'est pas survenu d'enfants, le mariage a des répercussions qui s'étendent au-delà de la personne des époux. Cependant, ces répercussions sont, en somme, secondaires. Mais il n'en est plus de même à partir du moment où des enfants sont nés. Dès lors, la physionomie du mariage change totalement d'aspect. Le couple conjugal cesse alors d'être à lui-même sa propre fin, pour devenir un moyen en vue d'une fin qui lui est supérieure : cette fin, c'est la famille qu'il a fondée et dont il a désormais la responsabilité. Chaque époux est devenu un fonctionnaire de la société domestique, chargé, comme tel, d'en assurer, pour sa part, le bon fonctionnement. Or de ce devoir, ni le mari ni la femme ne peuvent plus se libérer à leur fantaisie, pour la seule raison que le mariage ne leur procure pas ou ne leur procure plus les satisfactions qu'ils en attendaient.

Ils se doivent à d'autres êtres qu'eux-mêmes. Sans doute, il peut se faire que, dans l'intérêt même du bon ordre domestique et des enfants, il vaille mieux dissoudre la société conjugale que de la laisser durer sans profit pour personne ; car, si elle n'est pas ou n'est plus en état de remplir ses fonctions, il n'y a pas de raison pour la maintenir quand même. Mais pour trancher cette question, il ne saurait suffire de prendre en considération les sentiments mutuels des parents et leur bien-être matériel ou moral. Des intérêts plus hauts et plus graves sont en jeu, qui échappent à la compétence des époux et que le juge seul peut apprécier. Aussi est-il inadmissible qu'il puisse être lié par leur seule volonté.

Mais, dira-t-on, quand les époux ne veulent plus la vie commune, la séparation ne vaut-elle pas mieux pour les enfants eux-mêmes ? Sans doute, la désunion peut être telle entre les parents que tout concert entre eux est impossible ; ce qui ôte à leur association toute utilité morale. Mais à côté de ces cas extrêmes et probablement assez peu nombreux, que de ménages simplement médiocres, où les époux n'ont pas l'un pour l'autre toute la sympathie qui serait souhaitable, et où pourtant chacun a de son devoir un sentiment suffisant pour s'acquitter utilement de sa fonction, en même temps que cet attachement à l'œuvre commune, en les rapprochant dans une mutuelle tolérance, leur rend la vie plus supportable et plus douce ! Mais pour qu'ils restent ainsi attachés à leurs fonctions, encore faut-il qu'ils sentent que c'est pour eux un devoir strict. Et comment auraient-ils ce sentiment, si la loi, interprète de la conscience publique, les encourage au contraire à s'y dérober, en leur permettant de le faire dès qu'ils en ont la volonté ? Où puiseraient-ils la force morale nécessaire pour supporter avec courage une existence, dont les joies ne peuvent être qu'assez austères, si l'autorité publique proclame solennellement qu'ils ont le droit de s'en affranchir, dès qu'il leur plaît ? Ainsi le divorce par consentement mutuel ne peut que détendre les ressorts de la vie domestique, désorganiser un plus grand nombre de familles, et cela sans qu'il en résulte pourtant pour la moyenne des époux un accroissement de bonheur ou une diminution de mal être.

Mais il reste un dernier argument, qui passe pour décisif auprès de nombreux esprits. Il est inutile, dit-on, de prohiber le divorce par consentement mutuel, parce que, dans la pratique, la prohibition est facile à éluder. Deux époux qui veulent divorcer peuvent aisément donner a leur requête un prétexte légal devant lequel le juge est obligé de s'incliner : le mari simule un adultère, la femme se résigne à subir le sévice grave exigé par la loi, etc. - Mais à supposer que ces collusions entre époux oublieux de leurs devoirs soient effectivement difficiles à déjouer, est-ce donc une raison pour leur aplanir encore la voie ? Parce qu'il est relativement aisé de tourner la loi, est-ce une raison pour l'abroger et pour déclarer licite ce qui ne l'est pas ? Nombreux sont les filous, escrocs, maîtres chanteurs de toutes sortes, qui vivent habilement dans les marges du code ; on ne songe pourtant pas à consacrer législativement l'escroquerie ou le chantage. Il y a quelque chose de pire que l'impuissance du juge à faire respecter la loi ; c'est la complaisance du législateur qui érige en état de droit la violation même du droit. On ne tient pas assez compte de la démoralisation publique qui résulte de ces défaillances législatives. Une telle abdication de la conscience publique ne peut qu'énerver les consciences privées ; et, dès lors, l'idée du divorce y germe et s'y développe sans peine, n'y rencontrant pas de résistance. La nécessité de recourir à ces pitoyables subterfuges est tout au moins un obstacle moral qui rappelle aux intéressés le caractère frauduleux et immoral de leur acte ; et cela peut suffire à en détourner tous ceux qui gardent quelque sentiment de leur dignité. Si donc on estime que le divorce par consentement mutuel est, tout *au moins quand il y a des enfants,* contraire à l'idée même du mariage et de la famille, on ne saurait se résigner à le reconnaître et à le sanctionner légalement.

Et d'ailleurs, est-il bien certain que le juge soit à ce point désarmé et n'y a-t-il pas souvent beaucoup de complaisance dans la manière dont il se laisse tromper ? Bien des fraudes ne pourraient-elles pas être établies, si l'on sentait davantage que c'est un véritable devoir de ne pas s'en faire complice, si les enquêtes, quand l'époux défendeur fait défaut, étaient conduites plus sérieusement, si certains magistrats ne mettaient pas un certain dilettantisme et une sorte d'émulation à abattre, en une audience, un nombre invraisemblable d'affaires [7] ? En tout cas, si vraiment le juge n'a pas entre les Mains des armes suffisantes pour faire respecter la loi, il ne paraît pas impossible de lui en fournir de nouvelles. Il suffirait de définir un peu plus exactement la notion de sévice ou d'injure dont la magistrature a fait un tel abus : une parole un peu vive ou un mouvement violent échappé à l'emportement d'un moment ne suffisent pas à prouver qu'un homme et une femme ne peuvent vivre ensemble et élever ensemble leurs enfants. L'abandon du domicile conjugal, *quand il y a des enfants,* pourrait être et à bon droit, qualifié de délit ; et si ce délit, comme il est juste, était puni avec quelque sévérité, on serait moins tenté de le simuler. D'ailleurs, toute simulation concertée en vue de

---

7   On parle de 159 et même de 242 jugements de divorce rendus en une même audience. (V. Valensi, *L'application de la loi de divorce en France, p. 102.*

tromper la justice ne constitue-t-elle pas un acte délictueux et qui devrait être réprimé ?

Mais je ne voudrais pas insister davantage sur ces considérations, me sentant incompétent pour traiter le problème sous son aspect purement juridique. Aussi bien toutes les raisons que l'on a pu donner, pour justifier le divorce par consentement mutuel, s'effacent-elles une fois qu'on a bien compris quelle pressante nécessité il y a à ne pas affaiblir dans les esprits ce sentiment que les relations conjugales et domestiques ne sauraient être abandonnées à l'arbitre des particuliers, qu'il y a là des devoirs dont les individus ne sauraient se libérer pour de simples raisons de commodité personnelle, *et cela dans leur propre intérêt - car* l'homme ne peut être heureux, il ne peut satisfaire norma-lement ses désirs que s'ils sont réglés, contenus, modérés, disciplinés. C'est pourquoi la discipline conjugale ne peut être énervée sans que le bonheur des époux soit atteint. Ne nous laissons donc pas troubler par le caractère dramatique de quelques incidents particuliers, réels ou imaginaires, mais qui ne sauraient prévaloir contre cette nécessité impérieuse, Que, comme toute règle, la règle matrimoniale puisse être dure parfois dans la manière dont elle est appliquée aux individus, rien n'est plus vraisemblable ; ce n'est pas une raison pour l'affaiblit. Les individus eux-mêmes seraient les premiers à en pâtir.

Malheureusement, ne nous dissimulons pas que cette notion de la règle et de son utilité est loin d'être répandue et populaire. L'opinion voit encore dans toute réglementation un mal, auquel il faut parfois se résigner, mais qu'il faut aussi essayer de réduire au minimum. Aussi est-il fort à craindre que ce nouvel assaut livré au mariage n'en vienne à ses fins. Et cependant l'expérience de la période révolutionnaire devrait nous servir de leçon. A ce moment déjà, le divorce fut élargi sans mesure. Qu'en est-il résulté ? C'est que le principe même de l'institution en est resté déconsidéré, et auprès d'excellents esprits, pour plus d'un demi-siècle.